AF381029

AVANTAGES COMPARATIFS

Ricardo et les avantages de la spécialisation

Par Jean Blaise Mimbang
Sous la direction de Dominique Chariot

50MINUTES.fr

LES AVANTAGES COMPARATIFS

DONNÉES-CLÉS

- **Dénominations ?** Loi des avantages comparatifs ou loi des avantages relatifs.
- **Usages ?** Justification du commerce international, de l'externalisation des tâches dans les entreprises, de la division du travail, de la spécialisation et de l'échange.
- **Raisons de son efficacité ?** La théorie a apporté des réponses aux questions soulevées par la théorie des avantages absolus d'Adam Smith (économiste écossais, 1723-1790) et la preuve que la spécialisation et l'échange sont mutuellement bénéfiques et sources de richesse. Elle fournit également des conseils pour être plus efficace et donc plus productif.
- **Mots-clés ?**
  - <u>Coût d'opportunité :</u> ce à quoi l'on renonce lorsque l'on produit une unité d'un bien, en unités d'un autre bien.

- Avantage absolu : avantage que possède une personne qui produit le même produit qu'une autre pour un rendement supérieur.
- Avantage relatif : avantage que possède une personne qui enregistre un faible coût de production par rapport à un pays, une entreprise ou un ménage.
- Spécialisation : focalisation sur la production d'un bien au détriment des autres.
- Dotation factorielle : ressources dont dispose un pays.
- Marchés : structures d'organisation efficace de l'activité économique où les ménages et les entreprises choisissent librement d'allouer leurs ressources.
- Échange : action ou fait de donner un bien et d'en recevoir un autre en contrepartie.

INTRODUCTION

La spécialisation et le libre-échange apparaissent aujourd'hui comme la norme de fonctionnement de l'économie mondiale. Afin de mieux appréhender les motivations des interactions entre les agents économiques, il nous semble nécessaire de retourner aux sources de ces échanges.

Pour ce faire, nous replacerons tout d'abord le concept d'avantages comparatifs dans l'histoire avant d'en donner une définition. Ensuite, nous présenterons le modèle, ses limites et ses extensions possibles. Enfin, nous illustrerons notre propos en nous appuyant sur une application du modèle.

Historique

David Ricardo (économiste anglais, 1772-1823) écrit son ouvrage *Des principes de l'économie politique et de l'impôt* en 1817 dans un contexte économique et social difficile dominé par les *corn laws* (lois interdisant l'importation du blé et qui sont à l'origine de l'opposition entre les propriétaires fonciers et les intellectuels bourgeois). C'est dans cet ouvrage qu'est énoncée la loi des avantages comparatifs.

BON À SAVOIR : LES *CORN LAWS*

Les anti-*corn laws* considèrent que cette loi a des effets négatifs sur l'économie anglaise, car elle entraîne une augmentation du prix des produits alimentaires et une diminution de la population.

Définition du modèle

Pour David Ricardo, il convient que le pays qui possède plusieurs avantages absolus se spécialise dans le secteur qui représente pour lui comparativement un plus grand avantage, et que celui qui ne dispose d'aucun avantage absolu concentre ses efforts dans le domaine qui offre comparativement le plus petit désavantage. Cette loi des avantages comparatifs permet de comprendre comment le commerce peut être mutuellement bénéfique.

THÉORIE – PRÉSENTATION DU CONCEPT

COÛT D'OPPORTUNITÉ

De la définition des avantages comparatifs donnée par David Ricardo ressort un concept-clé : celui du coût d'opportunité. Le coût d'opportunité d'un bien est ce à quoi l'on est prêt à renoncer pour l'obtenir. Pour illustrer cela, considérons les deux exemples suivants :

- une séance de cinéma. Le coût d'une séance de cinéma représente le coût monétaire du ticket d'entrée, le temps nécessaire pour arriver au cinéma et le temps passé dans la salle. Le coût du temps dépend ici de ce que l'on aurait fait si l'on n'était pas allé au cinéma. Si l'on était resté chez soi à regarder la télévision, ce coût serait faible. Par contre, si à la place de cette sortie l'on avait effectué un travail rémunéré pendant deux heures, le coût d'opportunité de la séance de cinéma correspondrait à l'argent qu'on aurait gagné et auquel on aurait renoncé en choisissant d'aller au cinéma ;

- les études à l'université. Les étudiants doivent payer les frais de scolarité, les livres, le logement et le budget d'alimentation. Si l'on choisit de poursuivre ses études au lieu d'effectuer un travail rémunéré, le coût d'opportunité des études universitaires représente l'argent que l'on aurait gagné et auquel on aurait renoncé en choisissant d'aller à l'université ainsi que les frais liés à notre présence sur le campus.

Les différences de coûts d'opportunité entre agents économiques traduisent les avantages comparatifs.

BON À SAVOIR : LE COÛT D'OPPORTUNITÉ

La firme ou le ménage ayant le coût d'opportunité le plus faible pour un bien dispose d'un avantage comparatif pour la production de ce bien. Le producteur, bénéficiant d'un avantage comparatif pour la production d'un bien, le produit et échange sa production avec le reste du monde.

En général, les marchés constituent la meilleure façon d'organiser l'échange dans un système économique. Lorsque les entreprises maximisent leurs profits et les ménages leurs utilités en situation de concurrence parfaite, la spécialisation est bénéfique à tous grâce à l'échange. L'échange s'explique par la nécessaire division internationale du travail, car aucun individu ni aucun pays ne peut produire l'ensemble des biens et services dont il a besoin. L'échange permet ainsi aux agents économiques :

- de se spécialiser dans ce qu'ils font le mieux ;
- de résoudre le problème de rareté ;
- d'obtenir une variété plus importante de biens et de services à moindre coût ;
- d'augmenter le bien-être de tous par la spécialisation ;
- d'être plus efficaces du fait de la concurrence internationale ;
- de générer des économies d'échelle.

Les prix sont le moyen par lequel la main invisible – actions guidées par l'intérêt individuel, mais pouvant contribuer au bien commun – organise l'activité économique dans les marchés. Ces prix reflètent à la fois la valeur des biens, mais aussi les coûts de production.

Ainsi pour satisfaire nos besoins, au lieu d'essayer d'être autonomes et autosuffisants, l'observation générale montre que les individus, les entreprises et les pays se spécialisent et échangent avec d'autres. L'interdépendance économique est ainsi la norme, car elle enrichit le monde.

LA THÉORIE DES AVANTAGES COMPARATIFS DANS L'HISTOIRE ÉCONOMIQUE

À cause des moyens de transport et des structures de production limités, la question des échanges se posait peu jusqu'au XVIIIe siècle. Entre le XVIe et le XVIIe siècle, la pensée économique préclassique était composée de deux courants : les mercantilistes et les physiocrates. Les échanges entre agents économiques y étaient perçus comme un jeu à somme nulle : les gains des uns correspondaient aux pertes des autres.

BON À SAVOIR

Le <u>mercantilisme</u> est une doctrine élaborée au XVIe et au XVIIe siècle. L'idée essentielle et sous-jacente réside dans le postulat que la richesse d'un État est constituée princi-palement des métaux précieux (courant du bullionisme). Dans ce système, le commerce extérieur est un moyen permettant d'accumuler de l'or et des richesses grâce aux surplus de production – le principal bénéficiaire de cet enrichissement étant le prince. Pour des auteurs comme Jean Bodin (philosophe français, 1530-1596) et Antoine de Montchrestien (économiste français, 1575-1596), le commerce est un jeu à somme nulle fait de gagnants et de perdants.

La physiocratie tire son origine du grec et signifie « gouvernement de la nature ». Elle s'est développée en France au XVIIIe siècle sous l'impulsion de François Quesnay (économiste et médecin français, 1694-1774). En réponse à la vision mercantiliste, les physiocrates affirment que l'État n'a pas à intervenir dans la sphère écono-mique – d'où l'expression formulée par Vincent de Gournay (économiste français, 1712-1759) : « laisser faire, laisser passer ». L'intervention de l'État n'est pas nécessaire, car l'économie est dirigée par des lois sem-blables aux lois physiques. Tous les agents

Avec la révolution industrielle apparaissent les surplus de production qui seront utilisés comme monnaie d'échange contre d'autres productions à travers le monde. Si la question d'exporter ne se pose plus, car elle est résolue avec le modèle mercantiliste, la véritable préoccupation est de savoir s'il convient de limiter les importations. Adam Smith répond à cette question dans *Recherches sur la nature et les causes de la richesse des Nations* (1776) avec sa théorie des avantages absolus. Cette théorie stipule que si un pays détient un avantage absolu (faible coût de production d'un bien au niveau international), ce pays doit se spécialiser dans la production de ce bien et échanger sa production avec d'autres. L'échange trouve ainsi sa justification, car en se spécialisant, la production totale augmente, les revenus sont plus élevés et le niveau de vie s'améliore.

La loi des avantages absolus d'Adam Smith soulève cependant une question d'une importance capitale : qu'advient-il des pays, des entreprises ou des ménages ne disposant pas d'avantages absolus pour la production d'un bien ? C'est à cette question que répond le principe des avantages comparatifs de David Ricardo qui s'inscrit en droite ligne dans la pensée économique classique.

À la suite de David Ricardo, John Stuart Mill (économiste anglais, 1806-1873) imagine un prolongement de la loi des avantages comparatifs. Dans *Principes d'économie politique* (1848), il aborde la question de la répartition des gains lors des échanges. Il affirme que le pays qui gagnera le plus est celui qui produit les biens les plus demandés.

Le principal reproche fait à David Ricardo porte sur l'origine des avantages comparatifs, et l'on voit naître dans la première moitié du XXᵉ siècle la notion de dotation factorielle. Les économistes néo-classiques montrent ainsi que chaque pays est doté de façon inégale de ressources, facteurs productifs (la terre, le capital technique et le travail). Parmi ceux-ci, Eli Hecksher (1879-1952),

Bertil Ohlin (1899-1979) et Paul Samuelson (1915-2009) conceptualisent le célèbre théorème HOS. D'après ces auteurs, chaque pays doit se spécialiser dans la production des biens qui tiennent compte des dotations dont il dispose en abondance.

> • le commerce résulte de l'échange des facteurs abondants contre des facteurs rares.

Non satisfait par la théorie des avantages comparatifs de David Ricardo ni même par le théorème HOS, Raymond Vernon (économiste américain, 1913-1999) élabore sa théorie du cycle de vie du produit. Celle-ci fait partie des théories néo-technologiques, qui se basent sur le progrès technique pour expliquer les avantages comparatifs.

PRÉSENTATION DU MODÈLE DES AVANTAGES COMPARATIFS DE DAVID RICARDO

Les hypothèses qui soutiennent la loi des avantages comparatifs de David Ricardo sont les suivantes :

- la liberté de choix dont disposent les agents économiques d'échanger ou non ;
- l'immobilité au niveau international et le parfaite mobilité à l'intérieur d'un pays des facteurs de production ;

- la différence de productivité (techniques de production) entre pays ;
- le plein emploi des facteurs de production dans chaque pays (absence de chômage) ;
- la nécessité d'avoir des pays de taille identique.

Pour David Ricardo, l'échange est bénéfique lorsque chacun se spécialise dans la production du bien pour lequel il détient un avantage comparatif, autrement dit le désavantage comparatif le plus petit.

L'économiste anglais illustre lui-même ce principe à l'aide de l'exemple suivant :

Production de vin et de drap

	Nombre d'heures nécessaires pour produire	
	1 tonneau de vin	100 mètres de drap
Portugal	80	90
Angleterre	120	100
Coûts relatifs : Portugal/ Angleterre	67 %	90 %

Le Portugal dispose de deux avantages absolus pour la production des deux biens, mais son avantage est comparativement plus élevé avec le vin et le désavantage anglais est comparativement moins important pour le drap.

Pourquoi le Portugal a-t-il donc intérêt à se spécialiser dans la production du vin et l'Angleterre dans la celle du drap ?

- **Portugal**
  - Sans spécialisation, les Portugais obtiendraient (80 x 100)/90 = <u>88,889 unités de drap portugais</u>.
  - En se spécialisant, 170 (90 + 80) heures de travail seront nécessaires pour la production de <u>2,125 tonneaux de vin</u> ((170 x 1)/80). Cette production servira à échanger contre le drap anglais. En se spécialisant dans la production de drap, les Anglais produiront <u>220 mètres</u> ((220 x 100)/100). En faisant l'hypothèse qu'un tonneau de vin s'échange contre 100 mètres de drap et que 100 mètres de drap s'échangent contre un tonneau de vin, les Portugais obtiendront par l'échange <u>100 mètres de drap anglais</u>.

- **Angleterre**
  - Sans spécialisation, les Anglais obtiendraient (100 x 1)/120 = 0,833 tonneau de vin anglais.
  - En se spécialisant, 220 heures de travail seront nécessaires pour la production de 220 mètres de drap ((220 x 100)/100). Cette production servira de moyen d'échange contre le vin portugais. Par conséquent, en se spécialisant dans la production de vin, le Portugal aura produit 2,125 tonneaux. Les Anglais obtiendront par l'échange de 100 mètres de drap anglais 1 tonneau de vin portugais.

Au final, avec la spécialisation et l'échange, chaque pays consommera les quantités suivantes :

- **Portugal**
  - Vin : 1,125 tonneau (à la place de 1 sans échange)
  - Drap : 100 unités (à la place de 100 sans échange)

La spécialisation est donc favorable au Portugal.

- **Angleterre**
  - Vin : <u>1 tonneau</u> (à la place de 1 sans échange)
  - Drap : <u>120 unités</u> (à la place de 100 sans échange)

La spécialisation est aussi favorable à l'Angleterre.

La spécialisation internationale permet donc :

- d'augmenter la production totale (2,125 tonneaux de vin contre 2 ; 220 mètres de drap contre 200). Le corollaire de cette constatation est que, toutes choses restant égales par ailleurs, l'augmentation de la production entraîne l'augmentation des revenus et donc l'augmentation du niveau de vie et du pouvoir d'achat ;
- d'économiser la main-d'œuvre pour un même niveau de production : pour produire 2 tonneaux de vin, il ne faut que 160 heures de travail à la place de 200 ((2 x 170)/2,125) et 200 heures de travail pour confectionner le drap à la place de 190 ((220 x 200)/200). Le gain total est donc de 30 heures (40-10).

LIMITES ET EXTENSIONS DU PRINCIPE

LIMITES ET CRITIQUES DU MODÈLE

Dans certains cas, les avantages procurés par l'échange peuvent être réduits, voire anéantis du fait d'une utilisation abusive de la loi de David Ricardo ou d'une situation économique où son application se justifie difficilement. Illustrons notre propos avec la problématique des industries naissantes et de la place des pays sous-développés dans le commerce international, les spécialisations inégales et le commerce des biens semblables.

La problématique des « industries dans l'enfance » et des pays sous-développés dans le commerce international

C'est Adam Smith lui-même qui a, pour la première fois, posé le problème des « industries dans l'enfance » dans son ouvrage *Recherches sur la nature et les causes de la richesse des na-*

tions (1776). Il y écrit qu'en se confrontant aux industries plus anciennes, les jeunes industries mettront beaucoup de temps à se développer en l'absence de lois protectionnistes. On retrouve dans ces propos une justification d'une protection temporaire ou d'un « protectionnisme éducateur ». Cette théorie a d'ailleurs été reprise par le président américain Ulysses Simpson Grant (1822-1885) pour justifier ses mesures protectionnistes contre le Royaume-Uni. Il convient de noter ici que les études empiriques n'ont jamais confirmé le bien-fondé de ces mesures protectionnistes.

Dans un contexte de mondialisation de l'économie et de spécialisation internationale, le « protectionnisme éducateur » est généralement évoqué dans le cas des pays sous-développés. Sans protection temporaire de leurs industries, ces pays affirment n'avoir aucune chance de se faire une place dans les échanges internationaux. Au lieu de s'enrichir avec l'échange comme le prévoit la théorie de David Ricardo, ces pays déclarent s'appauvrir suite à la détérioration des termes d'échange. Cette dernière se produit lorsque les prix des biens exportés augmentent moins vite que les prix des biens importés. C'est ce que l'économiste indo-américain Jagdish Bhagwati (né en 1934) appelle la croissance appauvrissante. Pour trouver leur place dans les échanges internationaux, la Corée (dans les années soixante et soixante-dix) et plus récemment la Chine ont protégé temporairement leur marché intérieur. Les pays en voie de développement souhaiteraient s'en inspirer.

Les spécialisations inégales

C'est à l'économiste anglais John Stuart Mill que l'on doit l'idée selon laquelle il ne sert à rien de se spécialiser dans une production si celle-ci ne correspond pas à la demande mondiale. À titre d'exemple, il paraît logique pour un pays de se spécialiser aujourd'hui dans les produits à haute valeur ajoutée même si ce pays a un avantage comparatif dans le domaine agricole ou minier. Dans le même ordre d'idées, les pays africains, en se spécialisant dans les biens agricoles et miniers, n'ont pas retiré tous les avantages du commerce du fait de l'instabilité des cours mondiaux.

L'économiste grec Emmanuel Arghiri (1911-2001) pense que le commerce entre pays développés et pays sous-développés est favorable aux pays riches. L'explication se trouve dans le fait que la charge de travail dans les exportations des pays pauvres serait supérieure à celle des pays riches. L'exemple des échanges entre la Chine et les États-Unis illustre ce postulat. Les États-Unis importent en effet du textile chinois pour le même montant que la Chine qui importe des voitures américaines, soit pour 1 milliard. Le temps nécessaire à la Chine pour produire ce textile est de 10 000 heures de travail alors que les voitures américaines sont produites en 6 000 heures de travail. Dès lors nous constatons qu'une heure de travail en Amérique s'échange contre 1,66 heure de travail chinois. D'après cet exemple, le travail des pays les moins avancés économiquement ne serait donc pas apprécié à sa juste valeur.

Le commerce des similitudes

Plusieurs observateurs constatent que la plupart des échanges internationaux ne sont pas des échanges de spécialisation, mais des échanges de produits identiques entre pays identiques. L'idée de David Ricardo selon laquelle les pays participent au commerce international selon les avantages comparatifs est donc largement discutée. L'économiste américain (et prix Nobel d'économie) Paul Krugman (né en 1953) reconnaît que les échanges internationaux reposent aujourd'hui sur des avantages comparatifs non seulement construits, mais aussi arbitraires.

EXTENSIONS ET MODÈLES CONNEXES

Plusieurs modèles connexes ont été conceptualisés à partir des limites et des critiques de la théorie des avantages comparatifs de David Ricardo. Citons entre autres :

- la théorie de la croissance appauvrissante (1958) de Jagdish Bhagwati qui se montre en faveur du protectionnisme ;
- la théorie du protectionnisme protecteur pour les firmes naissantes ;
- la théorie de l'échange inégal d'Emmanuel Arghiri qui affirme que le contenu en travail dans les exportations des pays pauvres est supérieur à celui des pays riches.

MISE EN PRATIQUE DU CONCEPT – LE COMMERCE INTERNATIONAL

- <u>Commerce international</u> : ensemble des échanges de biens et de services qui s'effectuent entre pays.
- <u>Importation</u> : flux de biens et de services entrants dans un pays.
- <u>Exportation</u> : flux de biens et de services sortants d'un pays.
- <u>Prix mondial</u> : prix d'un bien en vigueur sur le marché international.
- <u>Division internationale du travail</u> : répartition des spécialisations entre individus ou pays à travers le monde.
- <u>Inputs</u> : matières premières nécessaires à la production d'un bien.

LE COMMERCE INTERNATIONAL AU FIL DU TEMPS

Le commerce international connaît un essor remarquable à partir de 1945 avec une part importante dévolue aux produits manufacturés dans les échanges entre nations. Après la Seconde Guerre mondiale (1939-1945), plusieurs pays se sont efforcés de favoriser la libre circulation des biens et des services, aidés en cela par la croissance économique, les progrès des moyens de communication et la diminution des coûts de transport. Les firmes multinationales ont par conséquent connu un développement important à partir des années soixante et ont contribué à l'accélération des échanges commerciaux.

LA DIVISION DU TRAVAIL ET LA SPÉCIALISATION

La structure des échanges et la spécialisation trouvent leur origine dans l'avantage comparatif qui conduit les individus, les entreprises et les pays à se spécialiser dans la production des biens et services pour lesquels ils sont relativement plus efficaces. L'avantage comparatif s'explique par les dotations en facteurs productifs et par la technologie accumulée au fil du temps.

Le commerce international résulte de la nécessaire division internationale du travail puisqu'aucun pays ne peut produire l'ensemble des biens et services dont il a besoin. De même, aucun individu ne produit lui-même l'ensemble des biens et des services dont il souhaiterait disposer. Ainsi, un ingénieur travaillera pour le compte d'une personne qui le rémunérera en conséquence et pourra grâce à ce revenu acquérir des biens et/ou jouir de services proposés par d'autres. Ce qui est valable pour un individu l'est aussi pour un pays.

La répartition des spécialisations entre pays à travers le monde constitue la division internationale du travail.

ILLUSTRATIONS DES GAINS À L'ÉCHANGE – LE MARCHÉ DES VOITURES

Pour analyser les bénéfices de l'interdépendance économique, considérons l'exemple du marché automobile. Nous allons successivement comparer l'équilibre en autarcie avec l'équilibre dans le cas d'une économie ouverte sur le monde.

Le marché automobile constitue un excellent exemple pour illustrer les bienfaits de l'échange, car il y existe à travers le monde plusieurs pays producteurs et les exportations de voitures occupent un volume non négligeable dans les échanges internationaux.

L'équilibre en autarcie

Supposons qu'un pays isolé du monde produise des voitures et qu'aucun de ses habitants n'ait le droit d'en importer ou d'en exporter. Le marché automobile de ce pays est donc composé des vendeurs et des acheteurs domestiques.

Graphiquement, cette situation se représente de la manière suivante :

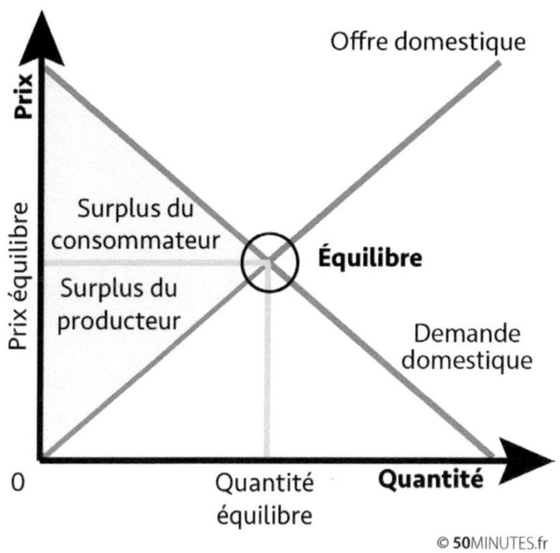

Résultats :

- le prix domestique s'ajuste pour équilibrer l'offre et la demande dans le pays ;
- la somme des surplus des consommateurs et des producteurs traduit le bien-être écono-mique total que les vendeurs et les acheteurs retirent de l'échange.

Équilibre avec le commerce

Si le pays s'ouvrait au commerce international, il serait soit exportateur soit importateur de voitures. Les effets du libre-échange s'observent en comparant le prix domestique des voitures au prix mondial. Si le pays dispose d'un avantage comparatif dans la production de voitures, alors le prix domestique sera inférieur au prix mondial et le pays sera un exportateur de voitures. Par contre, si le pays enregistre un désavantage comparatif dans la production de voitures, les prix domestiques seront supérieurs aux prix mondiaux et le pays sera importateur de voitures.

Cas 1 – Le pays est exportateur de voitures

Cela signifie que le pays s'aligne sur le prix mondial fixé et vend ses voitures à ce prix-là.

Graphiquement, cette situation se représente de la manière suivante :

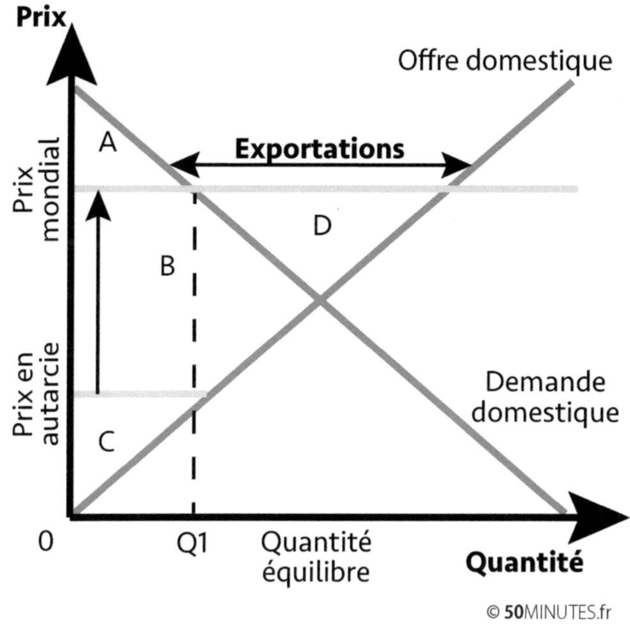

Observations :

- le graphique démontre que le prix domestique est en dessous du prix mondial ;
- le libre-échange augmente le prix domestique qui s'aligne sur le prix mondial ;
- la demande domestique est plus faible que l'offre domestique et le pays exporte le surplus de production.

Gains et pertes pour le pays exportateur :

	En autarcie	Commerce international	Variation
Surplus du consom-mateur	A + B	A	- B
Surplus du pro-ducteur	C	B + C + D	+ (B+D)
Surplus total	A + B + C	A + B + C + D	+ D

Variation (de surplus) = surplus avec le commerce international - surplus en autarcie

Résultats :

- les producteurs domestiques de voitures sont satisfaits, car ils vendent leurs produits à un prix plus élevé ;
- les consommateurs domestiques sont moins satisfaits, car ils paient maintenant les voitures à un prix plus élevé ;

- la perte des consommateurs est inférieure aux gains des producteurs ;
- dans l'ensemble, le commerce international augmente le bien-être économique de la nation et l'augmentation du bien-être du fait de l'échange est représentée sur le graphe par la zone D.

Cas 2 – Le pays est importateur de voitures

Si le pays est importateur de voitures, cela signifie que le prix mondial est fixé et que le pays achète les voitures à ce prix-là.

Graphiquement, cette situation se représente de la manière suivante :

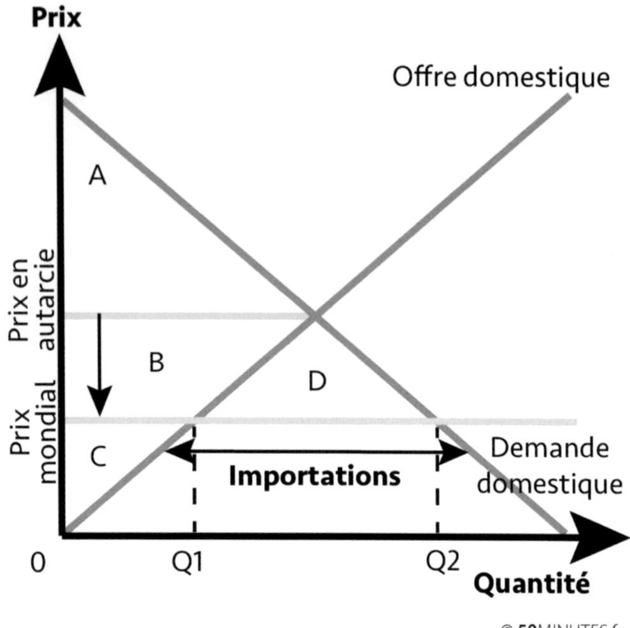

Observations :

- le graphique nous montre que le prix domestique est supérieur au prix mondial ;
- le libre-échange diminue le prix domestique qui s'aligne sur le prix mondial ;
- la consommation domestique est plus forte au prix mondial qu'au prix national. Le pays importe la différence.

Gains et pertes pour le pays importateur :

	En autarcie	Commerce international	Variation
Surplus du consommateur	A	A + B + D	+(B + D)
Surplus du producteur	B + C	C	- B
Surplus total	**A + B + C**	**A + B + C + D**	**+ D**

Variation (de surplus) = surplus avec le commerce international - surplus en autarcie

Résultats :

- les producteurs domestiques de voitures sont moins satisfaits, car ils vendent des voitures à un prix moins élevé ;
- les consommateurs domestiques sont satisfaits, car ils peuvent acheter des voitures à un prix moins élevé ;

- les pertes des producteurs sont inférieures aux gains des consommateurs ;
- dans l'ensemble, le commerce international augmente le bien-être économique de la nation et l'augmentation du bien-être du fait de l'échange est représentée sur le graphe par la zone D.

LES AVANTAGES DE L'ÉCHANGE MARCHAND

Les bienfaits de l'interdépendance économique sont donc indéniables. En effet, le commerce international permet aux consommateurs de disposer d'une offre de biens et de services plus importante que dans un commerce en autarcie. Le goût pour la diversité implique aussi des gains qui se traduisent par une augmentation du pouvoir d'achat. Quant aux producteurs, les échanges leur permettent de trouver des débouchés supplémentaires, de se procurer à moindre coût des inputs, de bénéficier des économies d'échelle et des transferts de technologie. Ces conclusions ressortent des propos d'Adam Smith développés dans son ouvrage, *Recherches sur la nature et les causes de la richesse des nations*.

EN RÉSUMÉ

- La loi des avantages comparatifs a été formalisée par l'économiste anglais David Ricardo en 1817. Son objet principal est de montrer que lorsque les agents économiques choisissent d'échanger librement, le commerce est mutuellement bénéfique. Il est donc profitable pour chaque individu, chaque entreprise et chaque pays de se spécialiser dans la production pour laquelle il dispose de la productivité la plus forte ou de la moins faible comparativement à ses partenaires.
- Le principe de David Ricardo voit le jour dans un contexte économique et social difficile marqué par les *corn laws*. Elle est formalisée en réponse à la question soulevée par la théorie des avantages absolus d'Adam Smith à savoir : comment échanger si un pays ne dispose d'aucun avantage absolu pour la production d'un bien ?
- Si la théorie a été formalisée par David Ricardo, plusieurs économistes ont complété le modèle initial. Parmi les contributions les plus mar-

quantes, on peut citer celle de l'économiste John Stuart Mill (qui a abordé la question de la répartition des gains de l'échange), celles des économistes Eli Hecksher, Bertil Ohlin et Paul Samuelson à travers le théorème HOS (où chaque pays est exhorté à se spécialiser dans la production des biens incorporant les produits dont il dispose en abondance) et celle plus récente de Raymond Vernon avec sa théorie du cycle de vie (dans laquelle il affirme que le progrès technique est à la base des avantages comparatifs).

- Parmi les applications possibles de la loi des avantages comparatifs, on peut citer le commerce international. L'interdépendance économique présente des bénéfices indéniables. L'ouverture au commerce extérieur pour un pays génère des gains indépendamment de sa compétitivité nationale. Le libre-échange est un argument décisif des théoriciens de la mondialisation. Cette théorie est à la base de l'enseignement de l'économie internationale et est le credo officiel de l'Organisation mondiale du commerce (OMC).

- Du fait de ses hypothèses implicites et explicites ou de son application abusive, les gains de l'échange résultant de la théorie des avantages comparatifs de David Ricardo ne sont pas toujours visibles. Dans le cas des « industries dans l'enfance », un protectionnisme temporaire peut se justifier. Il ne sert à rien de se spécialiser dans la production d'un bien si celui-ci ne correspond pas à la demande mondiale. Enfin, on constate que les échanges internationaux reposent aujourd'hui sur des avantages comparatifs non seulement construits, mais aussi arbitraires.

- De ces limites plusieurs extensions ou modèles alternatifs ont vu le jour. Citons entre autres la théorie de la croissance appauvrissante de Jagdish Bhagwati (théorie en faveur du protectionnisme), la théorie du protectionnisme protecteur et la théorie de l'échange inégal d'Emmanuel Arghiri (qui affirme que le travail contenu dans la production des pays pauvres n'est pas apprécié à sa juste valeur avec le libre-échange).

- Au regard de ce qui précède, on constate que bien que la théorie des avantages comparatifs de David Ricardo soit un formidable outil pour expliquer et justifier le libre-échange, il convient parfois de comparer les gains liés au libre commerce aux pertes.

Votre avis nous intéresse !
Laissez un commentaire sur le site de votre
librairie en ligne et partagez vos coups de cœur sur
les réseaux sociaux !

POUR ALLER PLUS LOIN

SOURCES BIBLIOGRAPHIQUES

- ALDA (Jacques), *La mondialisation de l'économie*, Paris, La Découverte, 1996.
- « Analyses et prévisions économiques », in *Bureau fédéral du Plan*, consulté le 2 mai 2014. http://www.plan.be/index.php?lang=fr
- BÉNICHI (Régis), *Histoire de la mondialisation*, Paris, Vuibert, 2008.
- DAVID (René), *L'arbitrage dans le commerce international*, Paris, Economica, 1982.
- DUNKEL (Arthur), *Tour d'horizon de l'évolution du commerce international et du système commercial : rapport annuel du directeur général*, Genève, GATT, 1993.
- FORTI (Augusto), *Aux origines de l'Occident : machines, bourgeoisie et capitalisme*, Paris, PUF, coll. « Sciences, histoire et société », 2011.
- GREAU (Jean-Luc), *La trahison des économistes*, Paris, Gallimard, coll. « Le Débat », 2008.
- KYM (Anderson), *Évolution des avantages comparatifs en Chine : effets sur les marchés de*

l'alimentation humaine et animale et des fibres, Paris, OCDE, 1990.

- « Les physiocrates. Laisser faire et laisser passer », in *Portail de l'Économie et des Finances*, consulté le 2 mai 2014. http://www.economie.gouv.fr/facileco/physiocrates

- Montousse (Marc), *Analyse économique et historique des sociétés contemporaines*, Paris, Bréal, 2007.

- Organisation mondiale du commerce, consulté le 2 mai 2014. http://www.wto.org/indexfr.htm

- « Paul Samuelson, HOS et l'hyperspécialisation des économistes », in *Expeconomics*, consulté le 2 mai 2014. http://expeconomics.blogspot.fr/2009/12/paul-samuelson-hos-et.html.

- Rainelli (Michel), *Le commerce international*, Paris, La Découverte, coll. « Repères », 2009.

- Ricardo (David), *The Principles of Political Economy and Taxation*, London, John Murray, 1817.

- Stiglitz (Joseph), Walsh (Carl E.) et Lafay (Jean-Dominique), *Principes d'économie moderne*, Bruxelles, De Boeck, 2007.

- Trappeniers (Felix), *Les avantages comparatifs dans le marché commun européen*, Louvain, Nauwelaerts, 1967.

SOURCES COMPLÉMENTAIRES

- BERGER (Suzanne), *Made in Monde*, Paris, Seuil, 2006.
- CHAVIGNY (Régis), *Spécialisation internationale et transition en Europe Centrale et Orientale*, Paris, L'Harmattan, 1996.
- HOARAU (Sylvie), *Avantages comparatifs et spécialisation internationale. Une étude économétrique des différents secteurs industriels des pays de l'OCDE*, s.l., s.n., 1997.
- KRUGMAN (Paul R.), *La mondialisation n'est pas coupable. Vertus et limites du libre-échange*, Paris, La Découverte, 1998.
- MELOUX (Thierry), Analyse 360°. *Pratique de l'analyse financière des entreprises*, s.l., Books on Demand, 2008.

ISBN ebook : 9782806256881
ISBN papier : 9782806256898
Dépôt légal : D/2014/12603/106
Photo de couverture : © Primento

Conception numérique : Primento,
le partenaire numérique des éditeurs